1

SELBST IST DER MANN,

FRAU AUCH

Die Jedermann-Kann´s-Bauanleitungen

1. AUFLAGE

ISBN: 9783844811094

© 2012 **Herstellung und Verlag: Books on Demand GmbH, Norderstedt**

INHALTSVERZEICHNIS

Bauanleitung für einen Carport 4

Bauanleitung für ein Spielhaus 13

Bauanleitung für ein Kaninchen- und Kleintierstall 26

Der Herrnhuter Stern / Adventsstern 33

Bauanleitung für eine Seifenkiste 38

Bauanleitung für einen Nistkasten 44

Der Flugdrachen 49

Bauanleitung für eine Terrassenüberdachung 54

Bauanleitungen für einen Holzbackofen 64

Die Kräuterspirale 80

BAUANLEITUNG FÜR EINEN CARPORT

Der Carport dient nicht nur dem Schutz des PKW vor Umwelteinflüssen wie zum Beispiel Regen, Schnee, Hagel und ähnlichem, sondern ist gleichzeitig ein Mittel für die Gestaltung einer Außenanlage.

Einführung

Der Einzelcarport ist in diesem Beispiel 6000mm lang und 3000mm breit. Es ist eine einfache Version, welche nach den jeweiligen
Wünschen angepasst werden kann.

Der Rahmen ist aus Holz. Das Dach hat ein minimales Gefälle. Es kann mit Kunststoff, Zinn oder anderen Materialien eingedeckt werden.

Erkundigen Sie sich bei Ihrer örtlichen Behörde, ob Genehmigungen, Zustimmungen usw. erforderlich sind.

Eigenschaften des Holzes

Das Holz für dieses Projekt kann wahlweise sägerauh oder geschliffen sein.

Verwenden Sie ein Holz welches für den Außenbereich geeignet ist. Jeder Holzhändler oder Lieferant berät Sie über die Arten von Holz, welches am besten geeignet ist.

Anleitung

Stückliste

(a) Pfeiler 100mm x 100mm
(b) Balken 200mm x 50mm
(c) Endleisten 200mm x 50mm
(d) Sparren 150mm x 50mm
(e) Stabilisatoren 150mm x 50mm
(f) Verzinkte Schrauben
(g) Balkenschuhe
(h) verzinkte Winkel

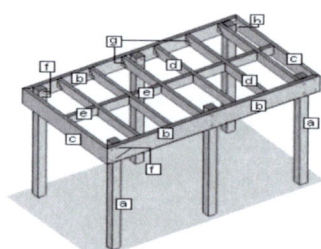

Höhe

Die Höhe eines Carport entspricht in den meisten Fällen dem gesunden Menschenverstand. Eine große Person sollte in der Lage sein, bequem unter dem untersten Ende der Carport zu stehen. 2100mm an der Unterseite des Sparrens, ist die optimale Höhe.

Die Dachneigung

Die Dachneigung sollte mindestens 100 mm betragen. Wenn Sie ein klares PVC-Dach verwenden, dann ist ein steiler Hang ratsam, da es hier zu einem schnelleren Wasserabfluss führt und damit ein sauberes Dach garantiert.

Der Bauplan

Der Bauplan zeigt den Carport zum einen aus der Vogelperspektive, zum anderen in der Seitenansicht.

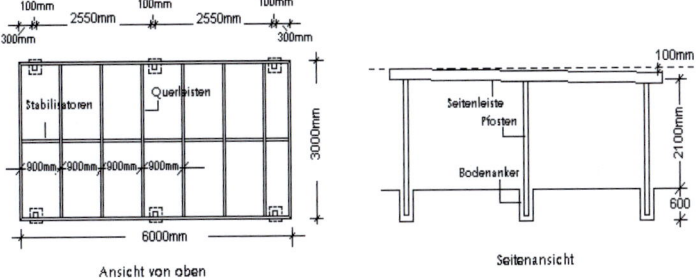

Ansicht von oben   Seitenansicht

Vorbereitung

Der Carport hat ein Außenmaß von 6000 mm x 3000mm. Stecken Sie diese Fläche z.B. mit einer Richtschnur ab. Die Bodenhülsen sollten mindestens 600mm von der Außenkannte und 300mm von den jeweiligen Enden entfernt sein. Der Standort des mittleren Pfeilers ergibt sich aus dem Abstand der beiden Außenpfeiler geteilt durch zwei. Sollten Sie Bodenanker verwenden, so fertigen Sie an diesen Stellen ein tragfähiges Fundament mit einer Tiefe von mindestens 600mm.

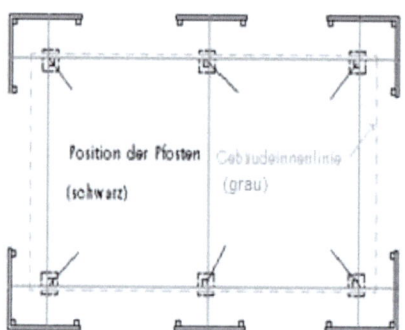

Herstellen der Verankerung

- o Methode 1 – Die Bodenhülse

Die Löcher für die Bodenhülse sollten mind. 300mm breit und 600mm tief sein, um eine Standfestigkeit zu gewähren. Gießen Sie in die Löcher Beton. Anschließend setzen Sie die Bodenhülse in die gewünschte Position. Ggf. müssen Sie die Hülse versteifen. Nun muss der Beton aushärten. In der Regel dauert dies mindestens 4 Tage.

Beispiel

- o Methode 2 – Die Aufschraubhülse

Heben Sie Löcher an den gewünschten Positionen von mindestens 300mm Breite und 600mm Tiefe aus. Füllen Sie anschließend die Löcher mit Beton. Um eine erhöhte Standsicherheit zu gewähren können Sie auch Eisenträger, Stangen oder Bruchsteine einbringen. Nach einer Wartezeit von mindestens 4 Tagen befestigen Sie die Aufschraubhülsen mittels Dübel.

Zuschnitt der Pfeiler

Die vorderen Pfeiler sollten mindestens 2300mm hoch sein. Berücksichtigen Sie, dass Sie einen Abstand zum Erdboden einhalten, damit das Regenwasser später auch abfließen kann und nicht das Holz beschädigt.

Die hinteren Pfeiler sollten mindestens 100mm kleiner sein, so dass ein Gefälle entsteht. Setzen Sie nun die Pfeiler und befestigen Sie eine Richtschnur an den vorderen und hinteren Pfeilern. Jetzt markieren Sie die Mittleren, um diesen auf die benötige Länge zu kürzen.

Die Montage der Balken und Sparren

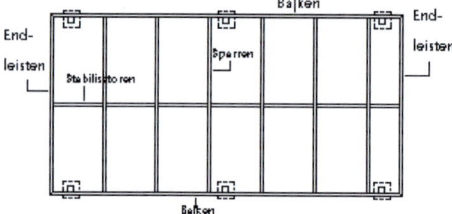

Schneiden Sie die beiden Balken auf 6000mm länge mit einer 45 ° Gehrungen an jedem Ende und befestigen Sie diese dann mit den Pfosten, so dass die Oberseite der Balken bündig mit den Sparren sind.

Die Pfosten sollten 300mm hinausragen.

Befestigen Sie nun die Balken mit 12 mm langen, verzinkte Schrauben (zwei auf jeder Seite).

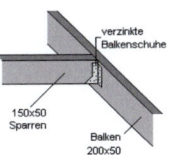

Schneiden Sie die beiden Sparren auf 3000mm Länge mit einer 45 ° Gehrungen an jedem Ende und fixieren Sie diese mit dem Balken durch 75mm verzinkte Schrauben (siehe Grafik).

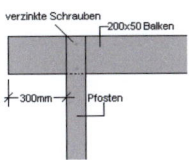

Schneiden Sie die sechs Sparren als Stabilisatoren auf jeweils 2900mm Länge. Fixieren Sie diese mit dem Balken. Verwenden Sie hierzu verzinkte Balkenschuhe

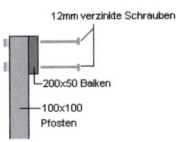

Das Versteifen des Carports

Das Verspannen/Versteifen dient der Stabilisierung des Carports.

In den Abbildungen sehen Sie einige Möglichkeiten.

Für die diagonale Verspannung der Pfosten nehmen Sie 100x100mm starkes Holz. Die Länge ergibt sich aus der Pfostenunterseite bis zur nächsten Pfostenoberseite. Verankern Sie die Versteifung mit Schrauben oder Bolzen.

Bei der Versteifung der Dachkonstruktion benötigen Sie 150x50mm starkes Holz. Nehmen Sie das Maß zwischen den Pfosten und den Sparren bzw. dem Balken und sägen Sie es zu. Verankern Sie es mit Holzverbinder bzw. Schrauben.

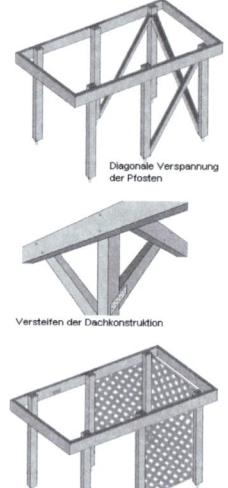

Diagonale Verspannung
der Pfosten

Versteifen der Dachkonstruktion

Versteifung durch (Holz-)Gitterfelder

BAUANLEITUNG FÜR EIN SPIELHAUS

Spielhäuser sind bei Kindern und Jugendlichen als Rückzugsort und spielerischer Lebensmittelpunkt beliebt.
Wie Sie mit einfachen Mitteln ein solches Haus erstellen, zeigt diese Anleitung.

Einführung

Bei unserem Beispiel ist das Haus 2000 mm hoch und 2300 mm lang, sowie 1200 mm breit. Das Dach steht 700 mm hervor.

Mit ein wenig Phantasie können Sie selbstverständlich dem Haus seine eigene Note geben.

Eigenschaften des Holzes

Alle Hölzer für den Bau bekommen Sie bei dem meisten Holzhändler oder Heimwerkermärkte. Generell sollten Sie behandeltes, geschliffenes Kiefernholz verwenden.

Anleitung

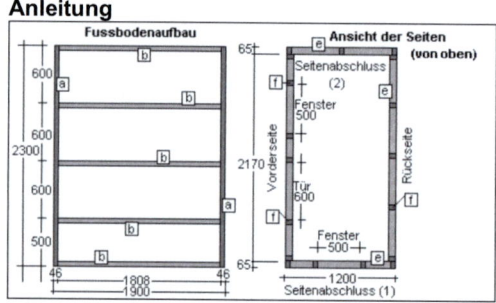

Abb. 1

Seitenansicht
Frontansicht
j
k
i
n
l
m
h
e
500
g
o
f
500
f
1200
d
c
a
b
1900
1200
j
k
k
l
e
600
f
g
f
g
500
600
f
f
d
c
b
a
b
2300

Abb. 2

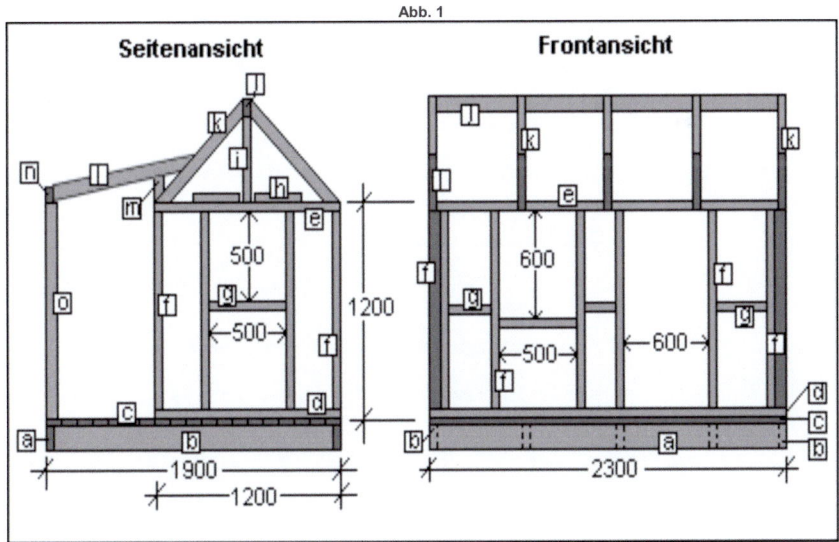

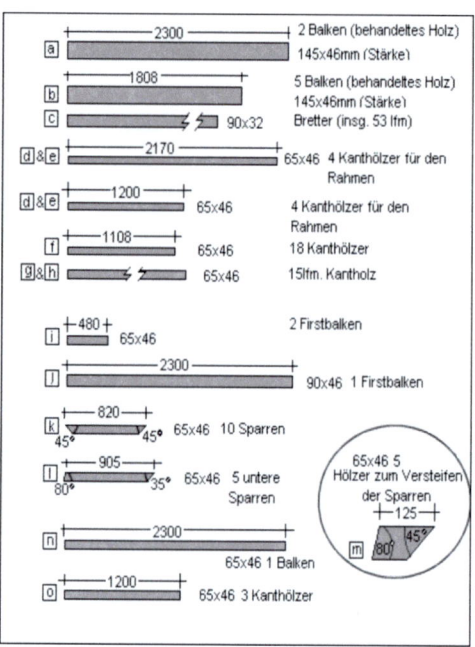

Abb. 3

1. Schritt: Zuschnitt

Schneiden Sie das Holz nach der Abbildung 3 zu.

2. Schritt: Herstellen der Bodenplatte

Nageln Sie die längeren Balken (a) mit den zwei kürzeren Balken (b) an den jeweiligen Außenenden zusammen (siehe: Abb. 1, Fußboden Aufbau). Verteilen und befestigen Sie die restlichen Balken (b) wie auf dem Abbild gezeigt. Verwenden Sie 90-100mm lange, verzinkte Nägel. Überprüfen Sie die jeweiligen Winkel.

Nehmen Sie nun die 20 Bodendielen á 2300mm und befestigen diese mit 75mm Rundkopfnägel. Beginnen Sie an der Stirnseite.

3. Schritt: Herstellen der Seitenrahmen

Legen Sie das Kantholz (d) auf den Boden.

Fixieren Sie nun mit Hilfe von verzinkten Nägeln das Kantholz (f) an den jeweiligen Außenseiten. Die Oberseite (e) wird ebenfalls mit dem Kantholz (f) verbunden.

Stellen Sie einen Rahmen, wie in Abbildung 2 her.

4. Schritt: Der Dachrahmen

Fixieren Sie die Firstbalken (i) und Winkelprofilen in einer aufrechte Position (siehe: Abbildung 2, Seitenansicht) jeweils an den Enden des Spielhauses.

Der Firstbalken (j) wird nun auf diese beiden horizontalen Kanthölzer aufgenagelt.

Verteilen Sie nun jeweils 5 Sparren pro Seite in gleichmäßigen Abständen und befestigen diese.

Nehmen Sie anschließend die 5 Hölzer zum Versteifen des Vordaches (m) und bringen Sie diese wie in der Seitenansicht (Abb. 2) an.

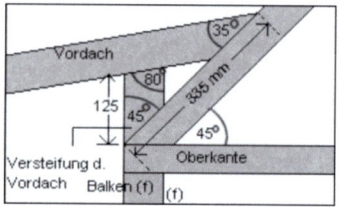

5. Schritt: Das Dachgerüst

Befestigen Sie die zwei Vordachbalken (p) mit dem Balken (l). Verfahren Sie auch mit dem Dachpfetten (q) so. Hier wird die Befestigung mit der Oberseite des oberen Sparren (k) (siehe Abbildung).

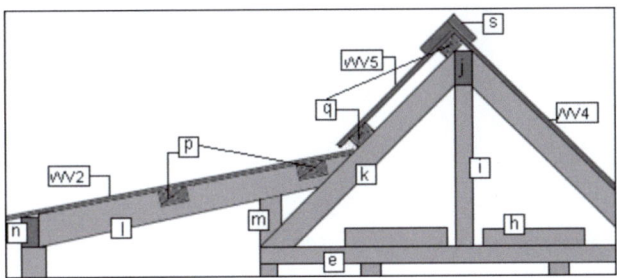

Zeichenerklärung

Balken	f: Balken	k: Sparren	p: Vordachbalken	WV3: Wandverkleidung
Balken	g: Kantholz	l: unterer Sparren	q: Dachpfetten	WV4: untere Dachverkleidung
Dielen	h: Versteifungen	m: Sparren Verst.	s: Firstabdeckung	WV5 :obere Dachverkleidung
Bodenplatte	i: Balkenstütze	n: Abschlussleiste	WV1:Außenwandverkleidung	WV6 :Giebelverkleidung
Deckenplatten	j: Firstbalken	o: Vordachstütze	WV2: Pultdachverkleidung	

6. Schritt: Die Wandverkleidung

Schneiden Sie aus den 6 imprägnierten Brettern, mit dem   Abmaßen 2400 x 1200 x 7mm, wie im Musterabbild   folgendes zu:

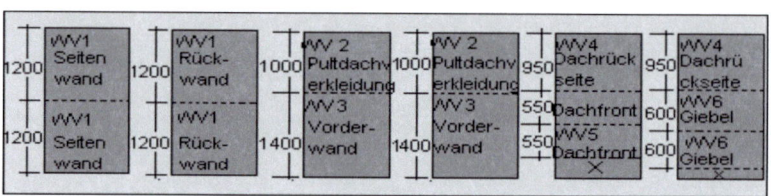

Befestigen Sie die Wandpaneele (WV1 und WV3)so, dass die Unterseite der   Seiten- und Rückwände sich 10mm   unter der Bodenplatte befinden. Die   Frontplatten gleichfalls unteren dem   Balken (I) liegen.

Markieren Sie die Bereiche, an denen   später sich die Türen und Fenster   befinden. Schneiden Sie alle Fenster,   Türen aus.

Verwenden Sie zum   Befestigen
der Verkleidung 40 oder   50mm
verzinkte Flachkopfnägel.

Als nächstes werden die Giebelseite mit
den Paneelen (WV6) verkleidet. Fangen
Sie an der Seitenwand (WV1) an.
Befestigen Sie im Übergansbereich ein
Kehlblech. Schneiden Sie die
Verkleidung zu einem Dreieck zu und
befestigen diese auch mit den 40 oder
50mm verzinkte Flachkopfnägel.

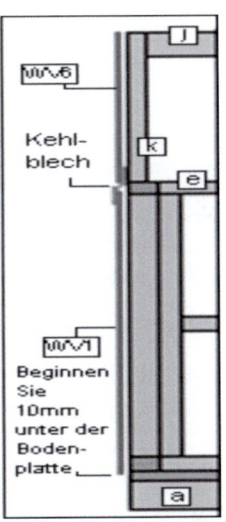

7. Schritt: Die Dachverkleidung

Die Holzplatten (WV2, WV5 und WV4) werden auf die   gleiche Weise, wie die
Wandelemente befestigt. Die   Dachplatten sollten auf allen Seiten einen Überstand von
50mm haben. Für die Dacheindeckung können Sie z.B.   Dachpappe verwenden.

8. Schritt: Ortgang und First

Ortgang und Firsteindeckung dienen einerseits zum   Schutz   vor   eindringender Nässe, anderseits auch als   Verblendung der Balken. Für die Firstabdeckung und den Ortgang nehmen Sie 100x25mm sägerauh,   imprägniertes   Kiefernholz.   Zum Befestigen verwenden Sie 75mm verzinkte Nägel.

Den Gestaltungsmöglichkeiten sind keine Grenzen   gesetzt: ob   mit   Schiefer verkleidet, in Wellen geschnitten   und angestrichen oder   mit   Kunststoffpaneele verkleidet,   es liegt an Ihrem kreativem Geschmack.

9. Schritt: Die Tür

Verwenden Sie hierfür das Holz der ausgesparten Verkleidung.
Lassen Sie an der Unterkannte ca. 20mm Platz und schleifen Sie die Kanten ab, um ein leichtes Öffnen der Tür zu gewährleisten. Beiderseits der Tür sollten ca. 5mm Abstand gelassen werden.
Die Verkleidung wird auf 100x25mm Holzleisten aufgenagelt. An der Außenseite können Sie auch Holzelemente als zierte und natürlich zum Schutz anbringen.
Befestigen Sie nun die Scharniere und das Türschloss.

Die Tür

100x25
verzinkte Nägel

Türgriff mit Schloss
Scharniere

10. Schritt: Die Fenster

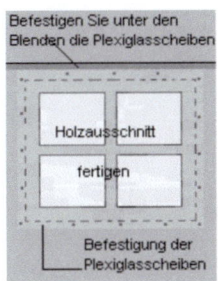

Zeichnen Sie ein Fenster in die gewünschte Form (hier im Beispiel: 4-Quadrate). Bohren Sie jeweils ein Loch durch das Holz und schneiden Sie dann die Aussparung mit einer Stichsäge zu.

Legen Sie nun 3mm Plexiglas in die Ausschnitte. Das Plexiglas muss überlappen, um es mit Holzleisten und Kitt befestigen zu können.

11. Schritt: Das Geländer

Schneiden Sie in das Kantholz mit den Maßen 90x46mm (h3) eine Aussparung (siehe Bild). Markieren Sie diese hierzu in der Mitte.

Schneiden Sie einer Kreissäge 20mm beidseitig in das Holz ein.

Mit Hilfe eines Meißels wird nun eine Kerbe gebildet.

Die Nut ist 25mm breit und 20mm tief. Sie bildet eine Schiene, die zum Befestigen der Holzpaneele dient.

Schneiden Sie nun 150x25mm Holz auf 540mm Länge.

Sie können den Zaun auch mit Schnittmustern versehen. Ihrer Kreativität sind keine Grenzen gesetzt. Das Muster in der Abbildung ist nur eine Variante.

Setzen Sie den Zaun in den Falz Nuten in den oberen und unteren Schienen.

Legen Sie dabei die obere und untere Schiene auf den Boden.

Sollte die Anzahl nicht dem Maß entsprechen, schneiden Sie diesen einfachen Ihren Bedürfnissen zu.

Wenn Sie mit den Geländer Abschnitten fertig sind, binden Sie ein Seil darum. So können die einzelnen Gitter bei der Befestigung nicht herausfallen.

Nageln Sie nun die einzelnen Geländer mit 90mm verzinkten Nägeln an die Pfosten.

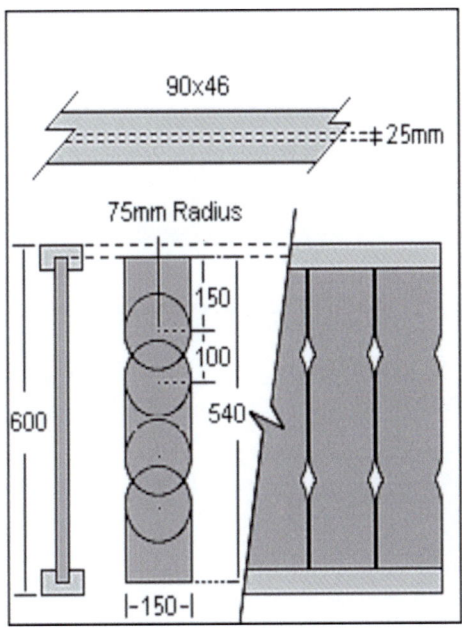

DER KANINCHENSTALL/KLEINTIERSTALL

Wenn man den Kaninchenstall selbst baut, bekommt man ihn so, wie man ihn haben will. Jedes Detail kann man nach den eigenen Vorstellungen gestalten.

Materialliste

Lfd. Nr.	Anzahl	Bezeichnung	Länge in mm	Breite in mm	Stärke in mm
1	1	Dach	1050	780	18
2	1	Giebelseite (hoch)	890	950	18
3	1	Giebelseite (unten, flach)	890	300	18
4	1	Giebelseite (oben, flach)	890	190	18
5	1	Seite (hoch)	953	630	18
6	1	Seite (flach)	953	630	18
7	1	Futterkasten (Boden)	594	350	18
8	1	Futterkasten (Seite)	594	105	18
9	1	Galerie	890	150	18
10	1	Schmutzleiste (lang)	890	35	18
11	2	Schmutzleiste (kurz)	582	35	18
12	1	Rampe	400	150	18
13	2	Eckaussteifung (Dreieck)	150	150	18
14	2	Wannenauflage	85	582	18
15	1	Boden	890	630	18
16	1	Tür	926	183	18
17	1	Auflageleiste (Boden)	4 lfm	18	18
18	1	Führungsleiste (Dach)	593	18	18
19	1	Balkon	200	50	18
20	2	Schiebetürführung	250	26	18
21	1	Rampe	1000	200	18
22	4	Rahmen (lang)	2000	55	35
23	2	Rahmen (kurz)	926	55	35

24	8	Rahmen (senkrecht)	510	55	35
25	2	Fenster	440	160	4
26	1	Schiebetür	220	110	4
27	8	Kulissenscharniere	80	40	
28	2	Dachscharniere	80	40	
29	2	Türscharniere	140	30	
30	1	Türverschluss			
31	1	Hackenverschluss (Dach)			
32	1	Dachpappe	1050	780	
33	-	Kette	2lfm		
34	10	Schlüsselringe	D=20		

1. Der Zuschnitt

Schneiden Sie die einzelnen Positionen aus der Materialliste auf das angegeben Maß zu. Die Oberkanten der beiden Seitenteile (Pos. 5 + 6) abschrägen (10 Grad). In beide Giebelseiten wird unten jeweils ein Ausschnitt gesägt, der später die Beine des Stalls ergibt.

Zeichnen Sie den Ausschnitt an und sägen Sie ihn mit einer Stich- oder einer Tauchsäge aus. Falls Sie eine Tauchsäge verwenden, müssen Sie auf der Führungsschiene unbedingt Rückschlagsicherungen fest spannen, da sonst die Säge durch den Rückschlag beim Eintauchen aus der Führung springen kann.

Spannen Sie die Schiene zusätzlich noch auf dem Werkstück fest. Um das genaue Höhen Maß zu ermitteln, stellen Sie die Seiten auf die Giebelwand (Pos. 2) auf und zeichnen Sie die Oberkante an.

2. Das Verschrauben

Die Wände werden mit Edelstahlschrauben (3,5 x 45) offen miteinander verschraubt. Um die Schraubenlöcher schneller anzuzeichnen, markieren Sie diese zunächst mit einem Streichmaß parallel zur Kante und bohren mit einem 3,5 mm Bohrer die Löcher für die Schrauben in einem Abstand von circa 200 mm.

Verschrauben Sie die Außenwände. In die beiden niedrigen Ecken kommen zwei dreieckige Winkelaussteifungen; auch diese werden von außen festgeschraubt. Um dem Boden zusätzlichen Halt zu geben, werden Leisten (Pos. 17) in den Stall eingeschraubt, auf denen der Boden (Pos. 15) aufliegt. Der Boden wird von oben auf diese Leisten aufgelegt und von allen Seiten (von außen) mit dem Stall verschraubt. Legen Sie dann die Führungsschiene genau an den beiden Linien an und sägen Sie die Giebelwand ab. Anschließend zeichnen Sie die Unterkante des Ausschnittes für die Flügeltüre auf der Giebelwand an, legen die flache Giebelwand (Pos. 4) an dieser Kante an und übertragen Sie die Schräge darauf. Um der Kunststoffwanne eine Auflage zu schaffen, werden rechts und links zwei Sperrholzstreifen (Pos. 14) eingeschraubt. Schieben Sie dann die Wanne ein und schrauben Sie darüber als Abdeckung noch eine weitere Holzleiste (Pos. 10 + 11). Dadurch wird verhindert, dass Schmutz seitlich an der Wanne vorbei fällt.

3. Dach- und Türmontage, sowie Anstrich

Oben in den Stall werden zwei Bretter (Pos. 7 + 8) geschraubt. Diese ergeben gemeinsam ein Fach, in dem Futter trocken gelagert werden kann. Zeichnen Sie die Fenster und die Türe an. Bohren Sie in den Ecken jeweils ein Loch (mind. 8 mm), damit Sie mit der Stichsäge die Ausschnitte sägen können. Damit die Türe bündig am Stall anliegt, werden mit der Stichsäge zwei Ausschnitte in die hohe Seite gesägt.

Auf die gleiche Art werden auch die Scharniere für das Dach in der niedrigen Seite (Pos. 6) eingelassen. Unter dem Dach wird noch eine Leiste befestigt, die im geschlossenen Zustand das Dach auf dem Stall stabilisiert. Runden Sie alle Kanten mit einer Kantenfräse oder einem Handschleifklotz.

Vor dem Zusammenbau sollten Sie die Einzelteile des Stalls streichen. Achten Sie darauf, dass die verwendete Farbe für den Einsatz im Außenbereich geeignet ist und nach dem Aushärten für die Gesundheit der Tiere keine Gefahr darstellt. Durch

Abkleben können Sie bestimmte Bereiche in anderen Farben gestalten.

4. Fenster und Dach

Für die Fenster werden zwei Acrylglasscheiben zu gesägt. Bohren Sie vorsichtig am Rand der Scheiben mit einem Holzbohrer 3,5 mm Löcher vor und reiben Sie diese mit einem Senker aus. Die Scheiben werden von innen vorsichtig an die Fenster geschraubt. Schrauben Sie die Scharniere an der passenden Stelle von innen auf der Türe fest.

Schneiden Sie das Drahtgitter so zu, dass es ca. 20 mm innen über die Ausschnitte übersteht, die Scharniere müssen dabei ausgespart werden. Schneiden Sie Dachpappe für die gesamte Dachfläche zu und nageln Se diese fest. Die Scharniere werden am Dach befestigt und das Dach wird auf dem Stall festgeschraubt. An Türe und Dach werden die Verschlüsse befestigt.

Am Ausgang wird eine Schiebetür eingebaut, die auch aus Acrylglas besteht. An der Oberseite wird das Acryl so gebogen, dass später durch ein Loch ein Schlüsselring mit einer Kette gefädelt werden kann. Dazu wird die Türe in diesem Bereich mit einem Heißluftföhn oder einem Feuerzeug erhitzt und dann im passenden Winkel auf die Arbeitsfläche gedrückt.

5. Die Tür

Die Türe läuft in zwei gefalzte Leisten (Pos. 20), der Falz sollte ca. 1 mm tiefer sein als die Türe dick ist. Unterhalb des Türausschnittes wird eine Art Balkon (Pos. 19) an den Stall geschraubt. Dieser Balkon hat auf der Rückseite einen Ausschnitt durch den die Türe nach unten rutschen kann. Dadurch steht die Tür später nicht auf dem Balkon auf und kann nicht von Krallen nach oben gehebelt werden.

Schrauben Sie die Führungen und den Balkon an und testen Sie, ob sich die Tür leicht öffnen und schließen lässt. Die Nullposition der Türe wird durch eine Kette festgelegt. Mit einer zweiten Schraube oberhalb der Kette kann die Tür in geöffneten Zustand eingehängt werden. Außen am Balkon und innen an der Galerie wird jeweils eine Rampe (Pos. 21 + 12) mit Scharnieren befestigt.

Für das Freigehege werden Kanthölzer zugeschnitten und an allen Kanten abgerundet. Die Kanthölzer werden mit je zwei Spax (5 x 100) pro Verbindung zu Rahmen zusammengeschraubt.

6. Endmontage

Vor der Montage des Drahtgitters sollten auch alle Rahmen gestrichen werden. Um das Freigehege später einfach zusammensetzen zu können, werden Kulissenscharniere eingesetzt. Bei diesen lässt sich der Stift in der Drehachse entfernen und das Gehege kann zerlegt und verstaut werden.

Damit die Stifte nicht verloren gehen, werden sie mit Ketten direkt am Gitter der langen Seiten befestigt. Schrauben Sie zunächst alle Scharniere an den Rahmen fest und schneiden Sie dann das Gitter zu. Auch hier müssen die Scharniere teilweise wieder ausgespart werden. Mit Krampen wird das Gitter von innen auf den Rahmen festgenagelt.

Um das Freigehege auch am Stall zu befestigen, wird anstatt des einen kurzen Rahmens der Stall selbst mit dem Freigehege verbunden. Sie können zusätzlich noch einen Rahmen mit Gitter, als Abdeckung und Schutz vor Greifvögeln, über das Freigehege legen.

DER HERRNHUTER STERN / ADVENTSSTERN

Weihnachtssterne stehen als Symbol für den Stern von Bethlehem, der die Weisen aus dem Morgenland
nach Bethlehem zur Geburtsstätte des Jesuskindes führte...

Zum Bau des Weihnachtssternes sollten Lineal, Schere, Pinzette und farbiges Kartonpapier und Klebstoff bereitliegen. Weiterhin benötigen Sie einen flachen und schmalen Gegenstand (Falzbein) zum falzen der Klebekanten, sowie eine feste Unterlage.

Anstelle einer Schere hat sich auch ein Teppichmesser zum Ausschneiden der einzelnen Bauteile bewährt.

Auch wird noch eine gute Portion Geduld und ein wenig Zeit benötigt!

Die einzelnen Bauteile werden zunächst sauber ausgeschnitten.

Die Klebelaschen und die Falzlinien werden mit dem Falzbein angeritzt und mit der Druckseite nach innen gefalzt.

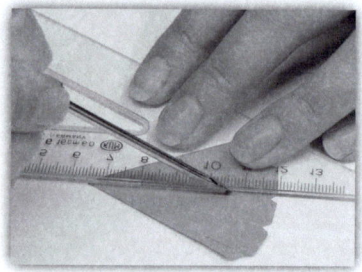

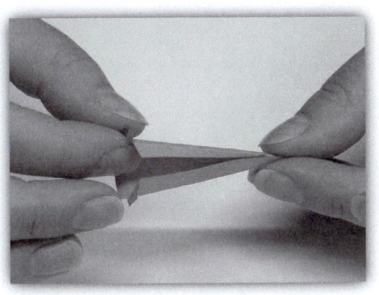

An den Falzkanten werden die Zacken dann zusammengeklebt.

Unser Stern besteht aus 17 großen und 8 kleinen Spitzen.

Wenn alle Einzelteile fertig sind werden die Zacken nacheinander aneinander geklebt. Beginnen Sie mit dem Innenring.

Er besteht aus 8 großen Zacken. Davon haben 4 Zacken jeweils 4 Falzkanten und 4 Zacken sind ohne Falzkanten.

Hier kleben Sie je einen Zacken ohne Falzkante an einen Zacken mit Falzkante. Nun kleben Sie die obere Spitze zusammen.

Sie benötigen 4 große Zacken ohne Falzkanten für den Rand und eine große Zacke mit vier Falzkanten für die Mitte.

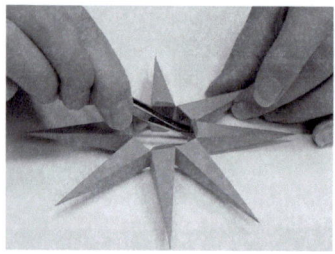 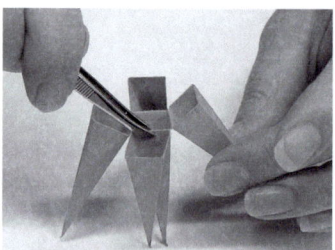

Befestigen Sie nun die fertige Spitze an dem Innenring und füllen Sie die Lücken mit 4 kleinen Spitzen.

Befestigen Sie nun die Letzen 4 großen Zacken, die jeweils nur noch eine Falzkante haben, auf der unteren Seite des Innenrings.

Nun noch schnell die restlichen 4 kleinen Spitzen ankleben

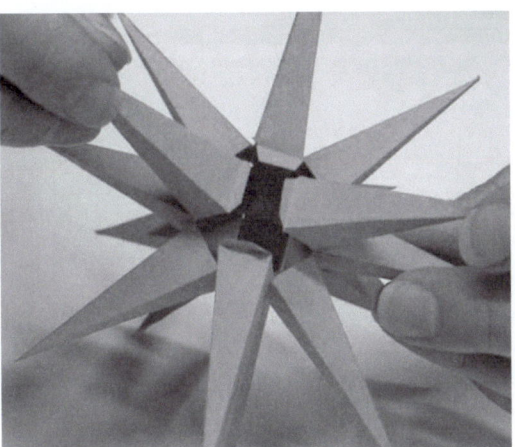

DIE SEIFENKISTE

Seifenkisten sind mehr als nur ein Spaßfahrzeug für Kinder.

Seifenkistenrennen ist ein Sport mit Geschichte, eine immer neue Bastelherausforderung und ein umweltfreundlicher Sport dazu

Materialliste

Teil	Anzahl	Bezeichnung	Maße in cm
A	1	Boden / Mitte	136 x 12 x 2
B	2	Boden / Mitte	78 x 12 x 2
C	2	Seitenwand	78 x 21 x 2
D	1	Anschlag /Lenkung	15 x 12 x 2
E	2	E1 Rückwand	40 x 21 x 2
		E2 Sitzlehne	36 x 21 x 2
F	1	Frontspoiler	51 x 21 x 2
G	1	Querversteifung	40 x 6 x 2
H	2	Stütze Heckspoiler	38 x 8 x 2
J	1	Auflage Frontspoiler	62 x 7 x 2
K	1	Achsträger hinten	62 x 7 x 2

L	1	Achsträger vorne	67 x 4 x 2
M	2	Bremshebel	66 x 21 x 2
N	1	Heckspoiler	16 x 8 x 2
O	2	Stütze/Frontspoiler	
P	2	Lagerplatte / Lenkung	
Q	2	Hartgummis (Bremse)	
R	2	Achsen	
S	4	Räder	
T		Schrauben	
U		Muttern	
V		Scheiben	

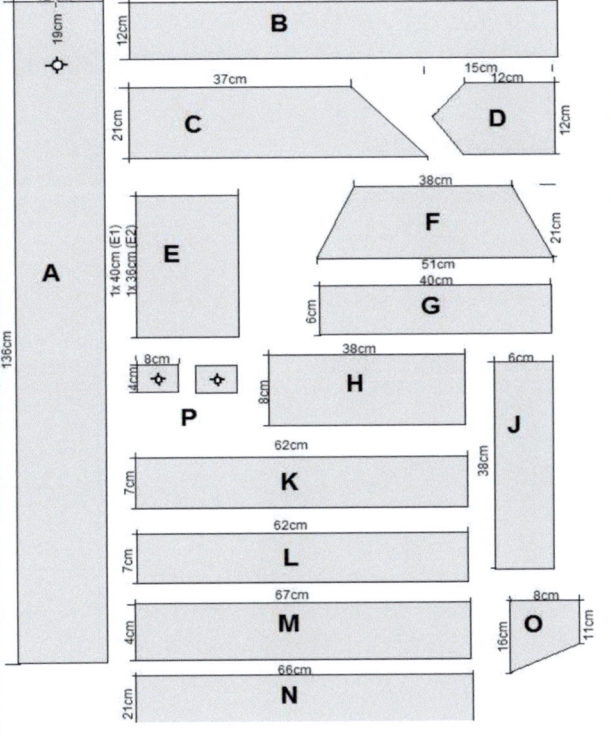

Die Montage

1. Verbindet die Bodenteile (A *und B) über die* Querversteifung (G) und den Achsträger (K) miteinander.

2. Verschraubt die Seitenteile C mit dem Boden (B) und passt die Rückenlehne (E2) ein. Achtet hier auf die Körpergröße des Fahrers. Baut die Rückwand (E2) ein.

3. Montiert den Achsträger vorne (L) drehbar am Boden (A). Baut den Anschlag für die Lenkung (D) ein. Achtet auf die richtige Position. Die Lenkung muss das richtige Spiel haben.

4. Montiert die fertigen Achsen mit den Rädern.

5. Befestigt die Bremshebel (M). Prüft die Funktion!

6. Montiert die Träger für den Heckspoiler (H) an die Seitenteile (C) und befestigt den Heckspoiler (N).

7. Montiert den Träger für den Frontspoiler (O) an die Bodenplatte (A) und baut die Teile für den Frontspoiler (F, J)

8. Lackiert die Seifenkiste mit mindestens 6 Farben.

Auch Bilder und abstrakte Kunst und Kreativität ist gefragt!

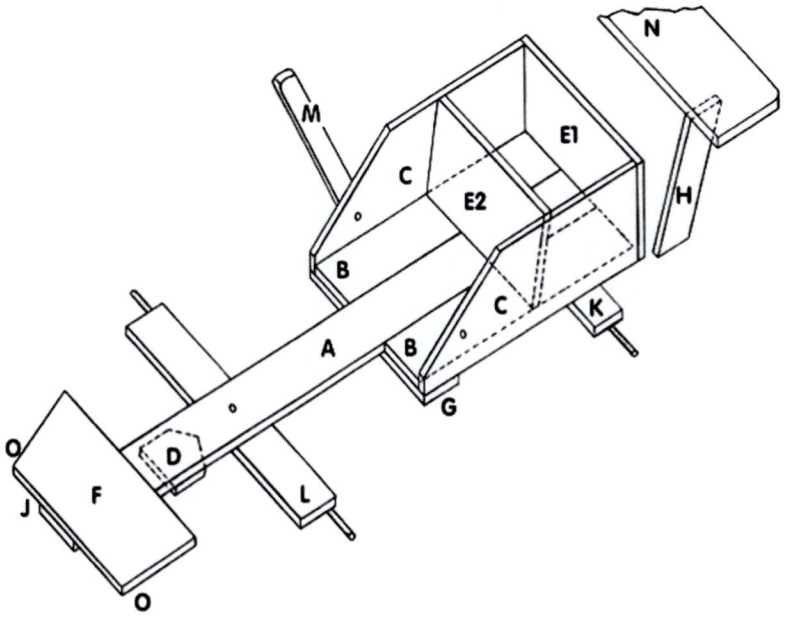

BAUANLEITUNG FÜR EIN NISTKASTEN

Künstliche Nisthilfen sind da sinnvoll, wo Naturhöhlen fehlen, weil alte und morsche Bäume nicht mehr vorhanden sind, oder weil an Gebäuden geeignete Brutnischen fehlen.

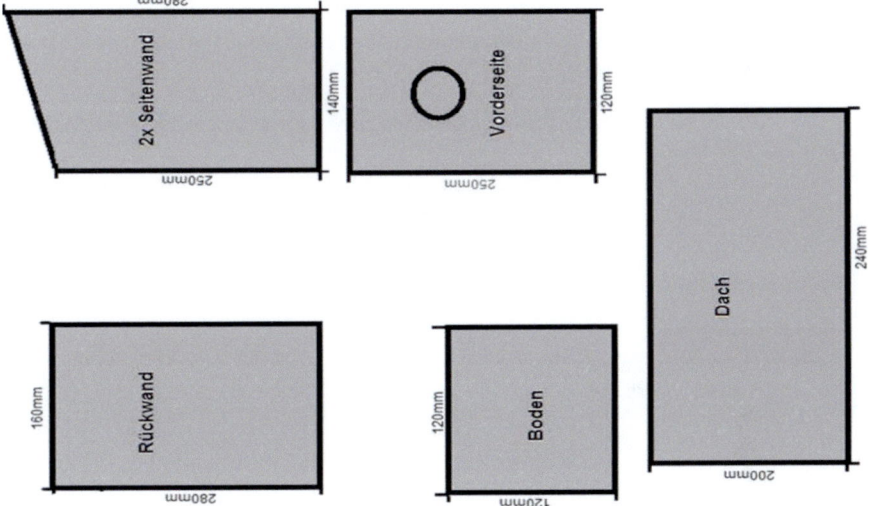

Für den Bau eines Nistkastens benötigen Sie ca. 20mm unbehandeltes Holz. Schneiden Sie dieses nach der Abbildung zu:

Beachten Sie!

Das Einflugloch hat je nach Vogelart unterschiedliche Maße:

- ***Blau-, Tannen- und Sumpfmeisen***: rundes Loch mit einem Durchmesser von 27 mm

- ***Kohlmeise, Kleiber oder Trauerschnäpper***: rundes Loch mit einem Durchmesser von 32 mm

- ***Gartenrotschwanz***: ovales Loch mit einer Höhe von 45 mm und einer Breite von 30 mm.

Montageanleitung

Verschrauben Sie zuerst die Rückwand mit den Seitenteilen jeweils oben und unten bündig.

Die Rückwand sollte dazu vorgebohrt werden.

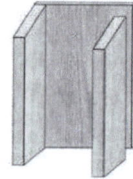

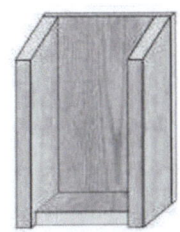

Nun setzen Sie den Boden ein und verschrauben ihn ebenfalls.

Bohren Sie auch hier vor.

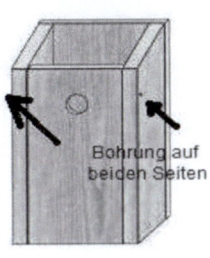

Bohrung auf
beiden Seiten

Bohren Sie jetzt mit einem 4-5mm Bohrer 2 Löcher zur Befestigung der Vorderwand.

Befestigen Sie diese mit zwei Schrauben so, dass sie noch beweglich ist.

Ebenfalls wird das Dach-
befestigt befestigt.
Schließlich sichern Sie die
Vorderwand mittig mit ei-
ner Schraube.

Abschließend biegen Sie noch einen Drahtbügel und befestigen ihn.

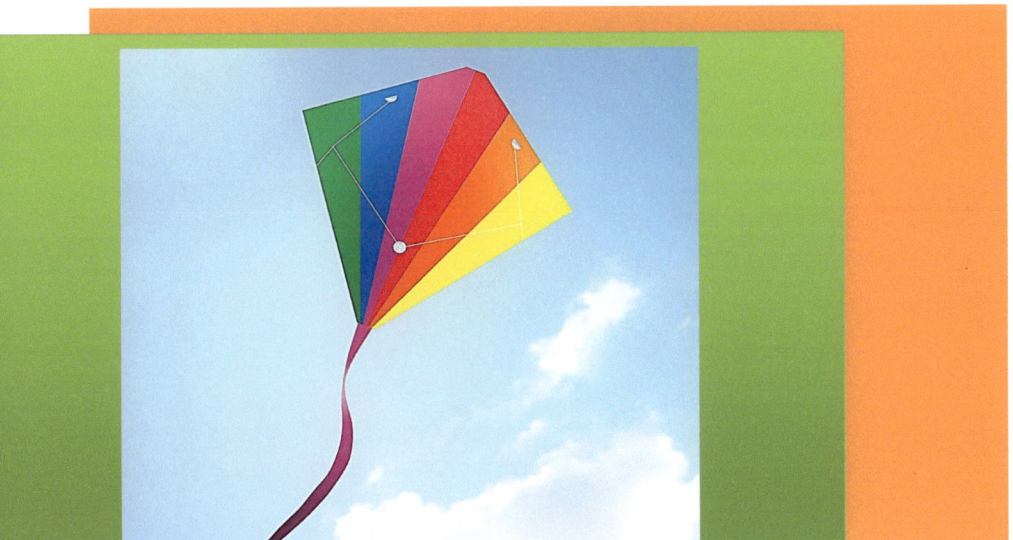

BAUANLEITUNG FÜR EINEN FLUGDRACHEN

Was gibt es Schöneres, als an einem sonnigen, windreichen Tag den selbst gebastelten oder gekauften Flugdrachen einzupacken, ihn über einer großen Wiese steigen zu lassen und dabei zuzusehen, wie er hoch in der Luft seine Kreise zieht?

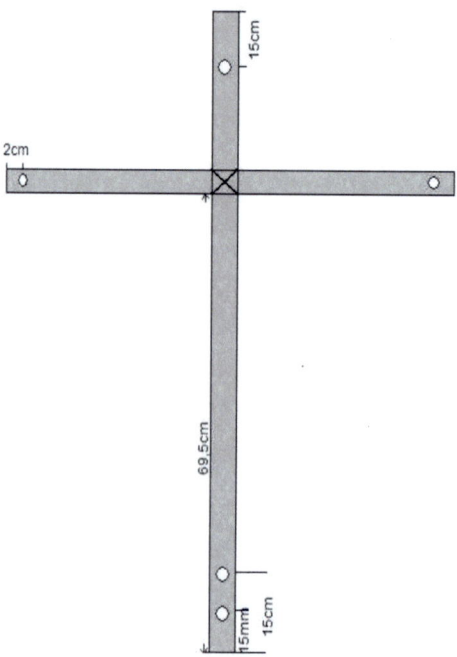

Anzahl	Maße in Zentimeter	Bezeichnung
1	100 x 1 x 0,5	Leiste aus Fichtenholz
1	85 x 1 x 0,5	Leiste aus Fichtenholz
		Drachenpapier oder Folie
		Drachenschnur
		Klebstoff für Holz und Papier o. Folie
		Feile, Bohrmaschine / Akkuschrauber

Montageanleitung

1. Schritt: die Leisten vorbohren und verbinden

- ➤ Zuerst werden die Leisten mit Löchern versehen, die für die spätere Befestigung der Schnüre benötigt werden. Die 100cm lange Leiste erhält dabei jeweils 15cm von den Außenkanten entfernt Löcher mit einem Durchmesser von 2mm. Außerdem wird etwa 1,5cm vom unteren Ende entfernt ein Loch gebohrt, an dem der Drachenschwanz befestigt werden wird. Die 85cm lange Leiste erhält Bohrlöcher in einem Abstand von 2cm zu den Außenkanten.

- ➤ In die Leisten werden außerdem kleine Einkerbungen gefeilt. Die Einkerbungen werden an den Stirnseiten gearbeitet und sollten etwa 2mm tief sein. Diese Einkerbungen werden später die Drachenschnur aufnehmen, die um die Leisten gespannt wird.

> ➢ Nachdem die Vorarbeiten erledigt sind, werden die beiden Leisten miteinander verbunden. Dazu wird die kÃ¼rzere Leiste mittig auf der längeren Leiste ausgerichtet, der Abstand zur Unterkante der Längsleiste beträgt 69,5cm.

Verbunden werden die beiden Leisten zum einen mit Holzkleber. Zum anderen wird etwas Drachenschnur fest über Kreuz um die Verbindungsstelle gewickelt.

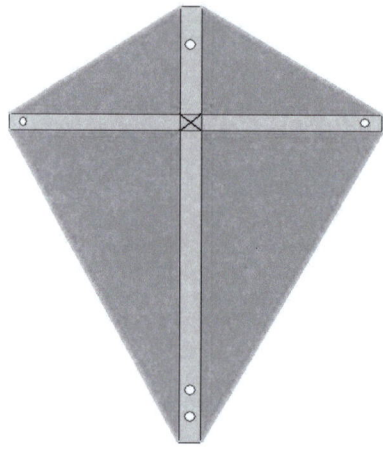

2. Schritt: den Drachen bespannen

Jetzt erhält der Flugdrache zunächst eine Umspannung aus Drachenschnur. Dabei wird die Drachenschnur um das Holzkreuz gespannt, indem sie in die eingefeilten Kerben eingelegt, festgezogen und verknotet wird. Danach erhält der Drachen seine Umspannung aus Papier oder Folie. Traditionell wird hierbei sogenanntes Drachenpapier verwendet, genauso kann die Bespannung aber auch aus Folie oder einem großen Müllsack bestehen. Das Drachengestell wird auf das Papier oder die Folie gelegt und das Papier oder die Folie werden so zugeschnitten, dass sie rundum etwa 3cm GröÃer sind als das Drachengestell.

Anschließend wird der Überstand über die gespannte Drachenschnur hinweg auf die Innenseite umgeklappt und verklebt.

3. Schritt: die Schnur und den Schwanz anbringen

An den Löchern in der Längsseite, die als Waagepunkte bezeichnet werden, wird nun die Schnur so verknotet, dass ein Dreieck entsteht. Außerdem wird eine Schnur an den Löchern in der Querleiste verknotet. Diese Schnur wird so gebunden, dass die Querleiste leicht gewölbt ist. Die Wölbung und die Größe des Dreiecks bestimmen Über die Flugeigenschaften des Drachens und Können variiert werden, wenn der Drachen nicht richtig fliegt.

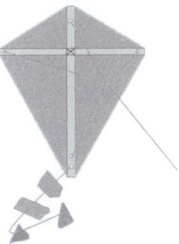

Außerdem erhält der Drachen nun noch seinen Schwanz. Dieser sollte zwischen 2 und 3 Metern lang sein. Verziert wird der Schwanz mit bunten Schleifen. Für die Schleifen werden einfach Rechtecke aus dem Drachenpapier oder der Folie geschnitten und an die Schnur geknotet. Ein bunter Drachenschwanz sieht aber nicht nur dekorativ aus, sondern stabilisiert den Drachen und verbessert die Steig- und Segeleigenschaften.

TERASSENÜBERDACHUNG

Eine Terrassenüberdachung bietet Schutz vor Witterungseinflüssen, so dass die Terrasse auch bei schlechtem Wetter genutzt werden kann..

Allgemeines

Als Orientierungsgrundlage für den Aufbau können Sie die Konstruktion der im Buch beschriebenen Carports verwenden.

Wir werden an dieser Stelle einige Sachen wiederholen, aber auch nur Besonderheiten benennen.

In diesem Beispiel gehen wir wieder von einer zu überdachenden Fläche von 6000mm Länge und 3000mm breite aus.

Für die Methode der Befestigung an das Mauerwerk kommt es auf ihre örtlichen Gegebenheiten an. Haben Sie Beispielsweise ein Vollwärmeschutz oder eine Verkleidung als Fassade, so empfiehlt es sich, die Überdachung beidseitig zu stützen. Andernfalls könnten Sie durch das Anbringen eines Querbalkens am Mauerwerk diese Stützbalken weglassen.

Der Rahmen ist in unserem Beispiel aus ebenfalls aus Holz. Das Dach hat ein minimales Gefälle. Es kann mit Kunststoff, Zinn oder anderen Materialien eingedeckt werden.

Erkundigen Sie sich vor Beginn bei Ihrer örtlichen Behörde, ob Genehmigungen, Zustimmungen usw. erforderlich sind.

Eigenschaften des Holzes

Das Holz für dieses Projekt kann wahlweise sägerauh oder geschliffen sein.

Verwenden Sie ein Holz welches für den Außenbereich geeignet ist. Jeder Holzhändler oder Lieferant berät Sie über die Arten von Holz, welches am besten geeignet ist.

Anleitung

Höhe

Die Höhe einer Terrassenüberdachung entspricht in den meisten Fällen dem gesunden Menschenverstand. Eine große Person sollte in der Lage sein, bequem unter dem untersten Ende dieser zu stehen. 2100mm an der Unterseite des Sparrens, ist die optimale Höhe.

Die Dachneigung

Die Dachneigung sollte mindestens 100 mm betragen. Wenn Sie ein klares PVC-Dach verwenden, dann ist ein steiler Hang ratsam, da es hier zu einem schnelleren Wasserabfluss führt und damit ein sauberes Dach garantiert.

Der Bauplan

Der Bauplan zeigt die Terrassenüberdachung zum einen aus der Vogelperspektive, zum anderen in der Seitenansicht.

Frontansicht

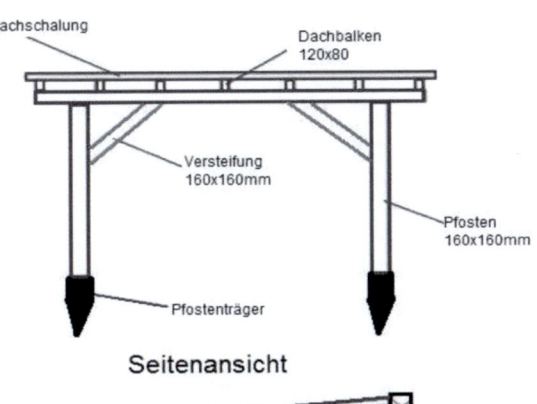

Dachschalung

Dachbalken
120x80

Versteifung
160x160mm

Pfosten
160x160mm

Pfostenträger

Seitenansicht

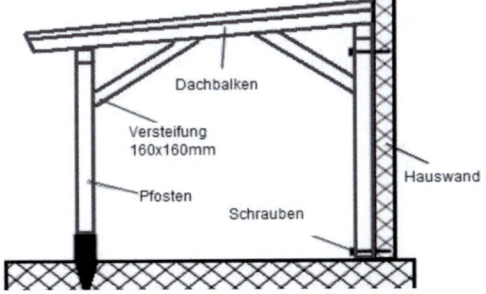

Dachbalken

Versteifung
160x160mm

Pfosten

Schrauben

Hauswand

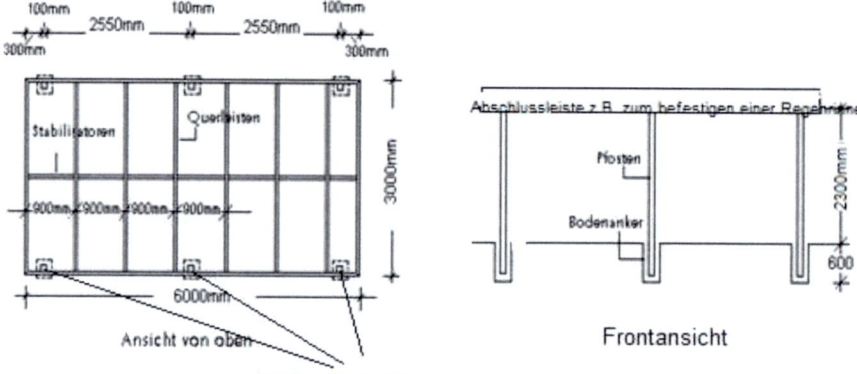

Ansicht von oben

ggf. Wandbefestigung

Frontansicht

Vorbereitung

Die Terrassenüberdachung hat ein Außenmaß von 6000 mm x 3000mm.

Stecken Sie diese Fläche z.B. mit einer Richtschnur ab.

Die Bodenhülsen sollten mindestens 600mm von der Außenkannte und 300mm von den jeweiligen Enden entfernt sein.

Der Standort des mittleren Pfeilers ergibt sich aus dem Abstand der beiden Außenpfeiler geteilt durch zwei.

Sollten Sie Bodenanker verwenden, so fertigen Sie an diesen Stellen ein tragfähiges Fundament mit einer Tiefe von mindestens 600mm.

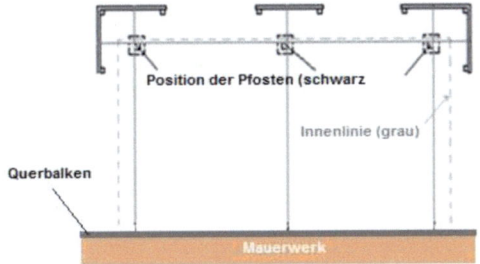

Herstellen der Verankerung

    o   Methode 1 – Die Bodenhülse

Die Löcher für die Bodenhülse sollten mind. 300mm breit und 600mm tief sein, um eine Standfestigkeit zu gewähren.

Gießen Sie in die Löcher Beton.

Anschließend setzen Sie die Bodenhülse in die gewünschte Position. Ggf. müssen Sie die Hülse versteifen.

Nun muss der Beton aushärten. In der Regel dauert dies mindestens 4 Tage.

Beispiel

o Methode 2 – Die Aufschraubhülse

Heben Sie Löcher an den gewünschten Positionen von mindestens 300mm Breite und 600mm Tiefe aus. Füllen Sie anschließend die Löcher mit Beton. Um eine erhöhte Standsicherheit zu gewähren können Sie auch Eisenträger, Stangen oder Bruchsteine einbringen.
Nach einer Wartezeit von mindestens 4 Tagen befestigen Sie die Aufschraubhülsen mittels Dübel.

Beispiel

Zuschnitt der Pfeiler

Die Pfeiler sollten mindestens 2100mm hoch sein. Berücksichtigen Sie, dass Sie einen Abstand zum Erdboden einhalten, damit das Regenwasser später auch abfließen kann und nicht das Holz beschädigt.

Die Wandabschluss bzw. Pfeiler sollten mindestens 100mm höher sein, so dass ein Gefälle entsteht.

Setzen Sie nun die Pfeiler und befestigen Sie eine Richtschnur an den vorderen und hinteren Pfeilern.

Jetzt markieren Sie die Mittleren, um diesen auf die benötige Länge zu kürzen.

Die Montage der Balken und Sparren

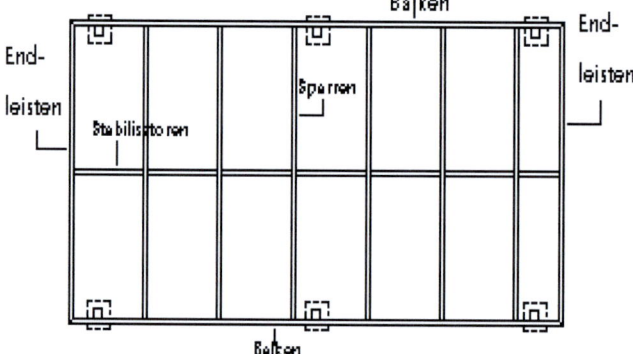

Schneiden Sie die beiden Balken auf 6000mm länge mit einer 45 ° Gehrungen an jedem Ende und befestigen Sie diese dann mit den Pfosten, so dass die Oberseite der Balken bündig mit den Sparren sind.

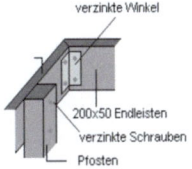

Die Pfosten sollten 300mm hinausragen.

Befestigen Sie nun die Balken mit 12 mm langen, verzinkte Schrauben (zwei auf jeder Seite).

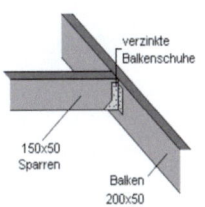

Schneiden Sie die beiden Sparren auf 3000mm Länge mit einer 45 ° Gehrungen an jedem Ende und fixieren Sie diese mit dem Balken durch 75mm verzinkte Schrauben (siehe Grafik).

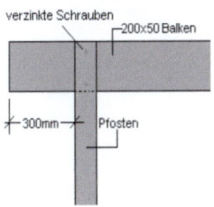

Schneiden Sie die sechs Sparren als Stabilisatoren auf jeweils 2900mm Länge. Fixieren Sie diese mit dem Balken.

Verwenden Sie hierzu verzinkte Balkenschuhe

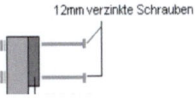

BAUANLEITUNG FÜR EINEN HOLZBACKOFEN

Träumen Sie auch vom duftenden Geruch eines selbstgebackenen Brotes? Mit Hilfe dieser Anleitung wird aus Ihrem Traum vielleicht in kürze Realität!

Der hier vorgestellte Ofen beruht auf einem Jahrhundert alten Prinzip.

Ein einfaches Stein-oder Lehmgewölbe wird durch ein Holzfeuer erhitzt und strahlt, nachdem die Restglut entfernt wurde, seine gespeicherte Wärme auf das Backgut ab.

Vorteile dieses Ofenprinzips bestehen in seiner einfachen Bauweise und im besonderen Geschmack des Brotes durch die direkte Berührung mit dem Holzfeuerraum.

Material, Planung und Standortwahl

Für einen Ofen mit einer Backfläche von 60 x 100cm benötigt man folgende Materialien:

- 500 kg Sand

- 250 kg Lehme

- Bitumen-Schweißbahn als Feuchtigkeitssperre

- 40 kg Zement für das Fundament (Betonsockel)

- Etwa 220 Ziegelsteine

- 80 Schamottesteine für den Backraum (auch schwere Ziegelsteine möglich, die beispielsweise bei alten Schornsteinen zu finden sind)

- mindestens 3 Gewölbelehren

- Stroh oder Strohhäcksel (3-4 Säcke) für das Dach, insofern der Ofen freistehend ist:

- ca. 40 lfm. Kantholz (10x10cm oder 12x12cm)

- 18 Dachlatten á 2m

- 4 Ortgangbretter (25x8x150cm)

- 4 Mettallfüße für den Ständer

- Ca. 200 Biberschwanz-Dachziegel

- 8 Firstziegel

- Diverse Nägel und Schrauben

Standortwahl

Der Ofen benötigt keinen Schornstein und kann somit an jeder beliebigen Stelle im Freigelände errichtet werden.

Da der Ofen mit Lehm vermauert wird, ist eine Überdachung unbedingt notwendig, insofern er freistehend ist. Sollte also kein Schleppdach oder Ähnliches vorhanden sein, muss der Ofen vor Regen geschützt werden.

Bei der Standortwahl ist weiter zu beachten, dass aufgrund des fehlenden Schornsteins, die Flammen aus der Backöffnung schlagen können, sich dort also keine leicht entflammbaren Gegenstände befinden dürfen.

Bei der Suche nach dem Standort sollte man nach eventuellen terrassenförmigen Absätzen im Gelände Ausschau halten.

Sind solche vorhanden, kann unter Umständen auf die Errichtung eines Sockels verzichtet werden, denn um nicht ebenerdig heizen und backen zu müssen, sollte der Ofen in einer Höhe von mindestens 50 cm stehen.

Ist ein geeigneter Standort gefunden und sind alle Materialien zusammengetragen, kann mit dem Bau begonnen werden.

Ein Lehmbackofen sollte möglichst im Frühjahr oder im Sommer gebaut werden. Zum einen, um Sockel und Ofen ausreichend Zeit zum Trocknen zu geben und zum anderen um die Möglichkeit zu haben, den Ofen über die Sommerszeit zu nutzen.

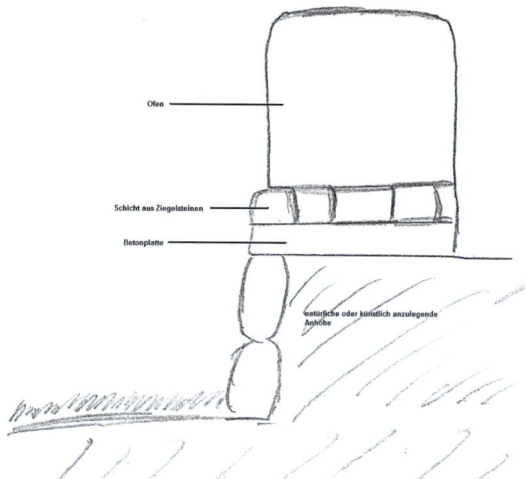

Fundament und Sockel

Wie alte Bauernhäuser beweisen, reicht es in der Regel, ein Bauwerk auf in Sand gebetteten Feldsteinen zu errichten.

Wer sich hier etwas unsicher ist, sollte als Fundament eine ca. 10-15 cm starke Betonplatte gießen. Hier empfiehlt es sich etwas Baustahl oder Ähnliches als Bewährung mit einzulassen.

Ein heute allerorts gefordertes 60cm tief gegründetes Fundament ist für einen Ofen unserer Größe eher überdimensioniert.

Das Erdreich sollte bis auf festen Grund (Lehm, Sand oder Gestein) ausgeschachtet werden.

Das entstandene Loch wird mit Sand aufgefüllt und dieser anschließend verdichtet. Entweder werden mit dem Sand große Feldsteine mit eingebracht (mit der behauenen Seite nach oben) oder am Ende wird eine Betonplatte von 100x140x10 cm gegossen.

Nach etwa 24 Stunden kann dann weiter gearbeitet werden.

Als Feuchtigkeitssperre werden zwei Dachpappstreifen aufgelegt, um dann darauf weiter zu mauern.

Der Sockel kann sowohl mit Lehmmörtel, als auch mit Kalk- oder Kalk-Zementmörtel gemauert werden.

Wird der Ofen durch ein entsprechend großes Dach geschützt sein, reicht ein Lehmmörtel ohne weiteres aus.

Leider gibt es hier kein Einheitsrezept für die richtige Mörtelmischung. Lehm schwindet beim Austrocknen und muss deshalb sehr sorgsam verarbeitet werden. Es nützt hier allerdings nicht, diese Mühe mit Kalk und Zement zu umgehen, da für das Backgewölbe ohnehin ein Lehmmörtel benötigt wird. Kalk und Zement sind nicht temperaturbeständig und somit dafür nicht geeignet.

Im Allgemeinen könnte man sagen, dass ein Teil fetter Lehm (Lehm mit hohem Tonanteil) und zwei Teile Sand (Putz-Kies) einen braubaren Mörtel ergeben. Magerer Lehm braucht entsprechend weniger Sand. Prüfen kann man den Mörtel mit der sogenannten Kugelfallprobe.

Aus dem Mörtel wird eine Kugel von etwa 3 cm Durchmesser geformt und aus ca. 1,5 m auf eine harte Fläche fallen gelassen. Plattet die Kugel bloß ab, ohne dabei Risse zu zeigen, ist der Mörtel mit Sicherheit zu fett, braucht also mehr Sand.

Zeigen sich einige Risse und Sprengen einzelne Partikel von der Kugel ab, kann man davon ausgehen, dass der Mörtel ein gutes Mischungsverhältnis hat. Zerfällt dagegen die Kugel zu einzelnen Sandkörnern, ist die Mischung zu mager und es muss noch Lehm zugesetzt werden. Im Zweifelsfall ist es ratsam, eine Probe trocknen zu lassen und deren Schwund und Festigkeit zu überprüfen.

Durchgemengt wird das Ganze am besten mit den Füßen. So spart man Zeit und Geld um aufwendige Maschinen zu besorgen. Größere Steine sollten mit Rücksicht auf das Gewölbe und auf die Füße entfernt werden.

An den Rändern des Fundamentes werden jetzt zwei Reihen Steine mit 24 cm gesetzt.

Aus Stabilitätsgründen sollte das Sockelgewölbe hinten geschlossen sein.

Zwischen die beiden Steinreihen kann jetzt eine gebogene Hartfaserpappe von 110x120 cm als Gewölbelehre gestellt werden.

Um ein Zusammenknicken der Pappe zu verhindern, wird sie von oben mit 4-5 Ziegelsteinen beschwert. Jetzt kann das Gewölbe gemauert werden.

Das Gewölbe muss von beiden Seiten gleichzeitig aufgemauert werden. Die Rundung des Gewölbes entsteht, indem man die Fugen außen möglichst breit und innen möglichst schmal macht.

Sind beide Seiten bis zur fast zur Mitte aufgemauert, kommt der sogenannte letzte Stein. Dieser muss relativ genau eingepasst werden, denn er hält das Gewölbe.

Jetzt können die Seitenwände bis ans Gewölbe angemauert werden, um sie dann nach oben mit ein oder zwei Schichten zu schließen. Der verbleibende Hohlraum im Sockel kann nun mit Sand aufgefüllt werden.

Die obere Fläche des Sockels wird danach mit besonders glatten Ziegelsteinen oder besser mit Platten aus Schamotte ausgelegt.

Diese bilden die Backfläche und werden bewusst nur im Sandbett verlegt um die Ausdehnung bei der starken Hitzebeanspruchung möglich zu machen.

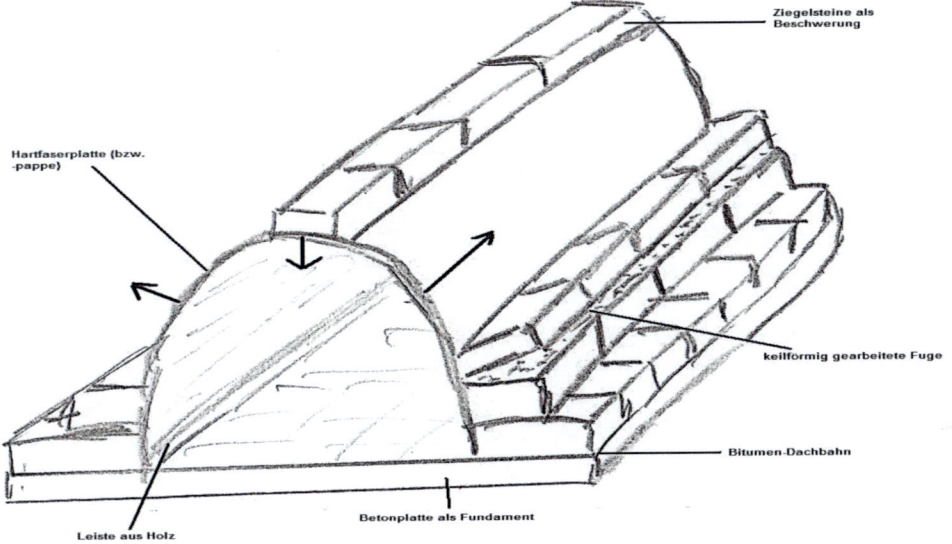

Ziegelsteine als Beschwerung

Hartfaserplatte (bzw. -pappe)

keilförmig gearbeitete Fuge

Bitumen-Dachbahn

Betonplatte als Fundament

Leiste aus Holz

Das Backgewölbe

Nachdem der Sockel gemauert und die Backfläche möglichst plan verlegt ist, ist ein großer Teil der Arbeit getan und es kann mit dem Backgewölbe begonnen werden.

Dieses sollte wenn möglich aus Schamottesteinen gemauert werden, da diese die Wärme optimal speichern können. Aber auch mit etwas schwereren Ziegelsteinen lassen sich gute Backergebnisse erzielen.

Begonnen wird hier wieder mit den zwei Außenreihen, um die Hartfaserplatte dazwischen stellen zu können.

Das Backgewölbe sollte ringsum Platz für eine etwa 10 cm starke Dämmung und nach vorn für eine Tür lassen.

Weiter wird genauso verfahren wie beim Sockelgewölbe, bis der Bogen sorgsam mit den letzten Steinen geschlossen wird.

Es sollte darauf geachtet werden, dass die Fugen nach innen so klein wie möglich sind, um später ein eventuelles Durchbröckeln des Mörtels weitestgehend auszuschließen.

Dieses Gewölbe sollte frei stehen und erst später hinten geschlossen werden. Die Span-pappe, die vorher auf kleine Leisten gestellt wurde, kann nach kurzer Zeit entfernt oder später beim Anheizen ausgebrannt werden.

Dämmung

Ist das Gewölbe fertig, kann gedämmt werden.

Hierzu nimmt man ca. 10 cm langes Stroh und eine etwas dickere Lehmschlämme (Kon-sistenz etwa wie Dickmilch) und knetet beides zusammen. Dabei soll ein relativ hoher Strohanteil eingebracht werden, um eine gute Dämmung zu erzielen.

Das entstandene Gemisch wird dann solange an den Ofen geworfen, bis eine ca. 10 cm starke Schicht entstanden ist. Diese kann außen mit den Händen glatt gestrichen werden oder mit einer mageren Lehm-Sandmischung verputzt werden. Vor dem Verputzen sollte die Dämmschicht weitestgehend fest sein.

Beim Aufbringen der Dämmschicht kann bereits eine Mulde für die Tür mit eingearbeitet werden. So wird sichergestellt, dass diese später optimal schließt.

Die Tür kann sowohl aus Blech als auch aus Holz bestehen.

Eine Holztür hat den Vorteil, dass sie während des Abbrandes in Wasser eingelegt werden kann, um dann beim Backen die nötige Backfeuchte zu spenden.

Während des Backens kann sie zusätzlich mit einem Lehmmörtel verstrichen werden, um den Ofen völlig dicht abzuschließen.

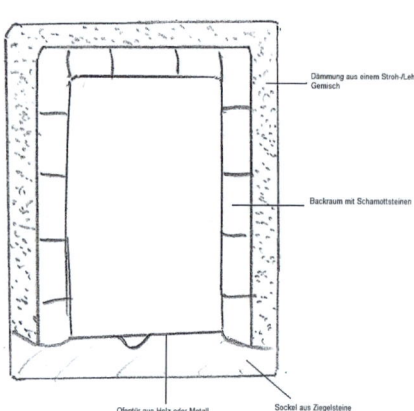

Ansicht: Querschnitt aus der Vogelperspektive

Dämmung aus einem Stroh-/Lehm-Gemisch

Backraum mit Schamottsteinen

Ofentür aus Holz oder Metall

Sockel aus Ziegelsteine

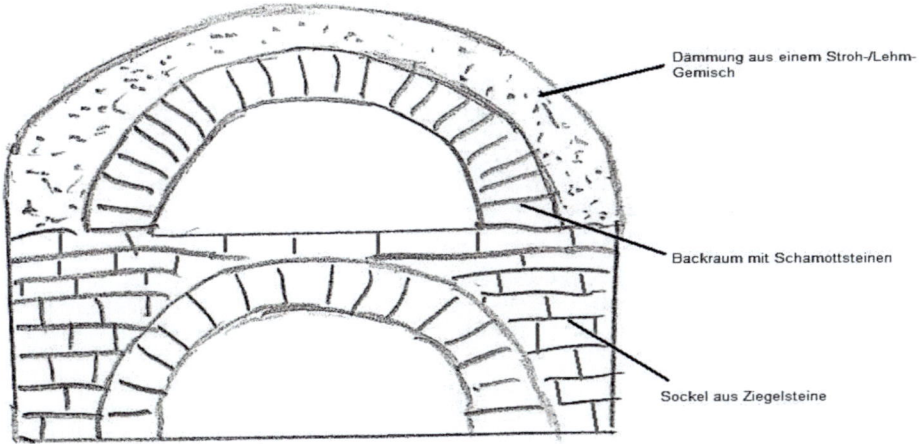

Dämmung aus einem Stroh-/Lehm-Gemisch

Backraum mit Schamottsteinen

Sockel aus Ziegelsteine

Ist der Ofen soweit fertig, sollte er unbedingt vor Regen geschützt werden.

Er darf langsam trocken geheizt werden.

Das Backen

Ist der Ofen weitestgehend trocken, (einige feuchte Stellen in der Außendämmung sind ohne Belang) kann mit dem Backen begonnen werden. Hierzu eignet sich am besten trockenes Reisig, da bei seiner Verbrennung viel Hitze und wenig Glut entsteht.

Der Backraum wird mit dem Reisig aufgefüllt und angezündet. Hierbei kann man ein Blech gegen die Öffnung lehnen, um das Einströmen zu viel kalter Luft zu verhindern.

Ist das Reisig bis auf wenig Glut herunter gebrannt (ca. 1-1,5 Std.), wird diese mit einem Schaber entfernt und die Backfläche mit einem nassen Lappen ausgeschleudert.

Zur Erkennung der richtigen Temperatur bedarf es einiger Erfahrung. Jedoch gibt es auch einige einfache Anhaltspunkte für eine gute Ofentemperatur. Erstens sollte aller Ruß vom Gewölbe abgebrannt sein, dann ist der Ofen heiß genug. Verbrennt jedoch eine Hand voll Mehl auf der Backfläche, ist diese noch zu heiß und muss abgelöscht werden. Wird das Mehl dagegen nicht im Geringsten braun, sollte noch einmal etwas nachgeheizt werden.

Hat man das Gefühl, die richtige Temperatur im Ofen zu haben, können die vorgegangenen Brote auf die heiße Backfläche gelegt werden.

Die feuchte Ofentür wird mit einem dünnen Lehmmörtel in die Öffnung gesetzt und etwa nach einer Stunde sind die Brote ausgebacken.

Rezept für ein Bauernlaib

Zutaten

Für den Sauerteig
200 g Roggenmehl, Type 1150
200 ml Wasser
50 g Anstellgut

Für den Teig:
400 g Roggenmehl, Type 1150
200 g Dinkelmehl, Type 630
320 ml Wasser oder Buttermilch
20g Salz
2 TL Brot-Gewürzmischung, nach Geschmack
5 g Hefe, frisch

Aus den ersten drei Zutaten einen Sauerteig herstellen und ca. 16 Std. bei Zimmertemperatur stehen lassen.

Mit den restlichen Zutaten gut verkneten. Den Teig ca. 30 min. ruhen lassen. Danach den Teig wirken. Der Teig ist zwar etwas klebrig, lässt sich aber trotzdem noch gut bearbeiten. Anschließend in einem Gärkörbchen gehen lassen.

Den Ofen vorheizen.

Die ersten 15 min. bei ca. 250°C und unter Zugabe von Wasser in den Backraum backen. Öffnen Sie die Ofentür bis die Temperatur des Backraums 200°C erreicht hat. Bei dieser Temperatur wird das Brot 40 Minuten fertig gebacken.

BAUANLEITUNG FÜR EINE KRÄUTERSPIRALE

Die Kräuterspirale ist ein 3-dimensionales Beet. Es ermöglicht auf kleinstem Raum Standortansprüchen von Pflanzen aus verschiedenen Klimazonen gerecht zu werden.

Allgemeines

Die Oberfläche der Kräuterspirale wird durch einen sich spiralig nach oben windenden Turm vergrößert, die Seitenwände dieses Turms werden durch Steine befestigt, die die Sonnenwärme speichern und an die Pflanzen abgeben. Den Fuß der Kräuterspirale bildet ein Miniteich, der zusätzlich Wärme speichert und reflektiert.

Dieses sich nach oben windende Beet wird mit unterschiedlichem Füllboden ausgestattet.

Folgende Bereiche entstehen:

A	B	C	D
Wasserzone	**Feuchtzone**	**Normalzone**	**Mittelmeerzone**
Feucht und Nass durch den Miniteich, bei dem es darauf ankommt eine Verbindung zur Umgebung zu ermöglichen. Hier gedeihen Brunnenkresse, Bachbunge und Wasserminze, deren Wachstum allerdings besser durch einen Tontopf im Zaum gehalten wird.	Halbschattig, humos, trocken ideal für Zitronenmelisse, Pimpinelle	Halbschattig, humos, trocken ideal für Zitronenmelisse, Pimpinelle	Durchlässig, mager und trocken, eine gute Drainage wird durch Bauschutt als Füllmaterial unterstützt. Es wird Kalk mit untergemischt, denn hier wachsen die kalkliebenden Mittelmeerkräuter, wie Bergbohnenkraut, Thymian und Salbei.

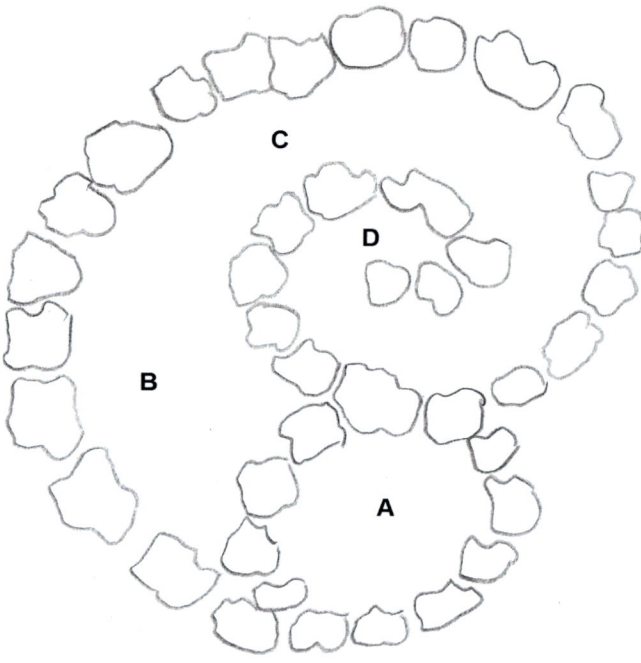

Die Kräuterspirale entstammt der Permakultur. Ein System der permanent agriculture, dessen Begründer der Japaner Masanuba Fukuoka ist. Grundlage ist die genaue Beobachtung der Natur, um Prinzipien zu erkennen, unterstützend mit ihnen und nicht gegen sie zu arbeiten.

Er kommt zu der Schlussfolgerung, dass dadurch viel Arbeit gespart werden kann und nennt seine Methode auch die „Nichts-tun-Landwirtschaft".

Seine Ideen wurden von dem Australier Mollison aufgenommen, angewandt und weiterentwickelt, u.a. zu der Idee der Kräuterspirale.

Die Praxis

Eine Kräuterspirale kann im Frühjahr oder im Herbst angelegt werden.

Bei der Auswahl des Ortes ist zu beachten, dass der Weg zur Küche nicht zu weit ist oder trockenen Fußes zurückgelegt werden kann. So können die frisch gepflückten Kräuter sofort verarbeitet werden.

Die Kräuterspirale soll frei zur Sonne stehen, ist das nicht möglich, kann natürlich die Form verändert werden.

Eine ausreichend harmonisch gestaltete Kräuterspirale braucht eine Grundfläche von etwa 3qm und ist 1m hoch.

Beginnen Sie mit dem Teich, der in Richtung Süden weist. Von da aus zeichnen wir die Form auf und kennzeichnen sie mit Stöcken.

Die Mauern werden vom Teich von außen nach innen aufsteigend gebaut. Für den sichtbaren Teil werden Steine verwendet, wie Feldsteine, Kalksandsteine oder Ziegelsteine, die sich harmonisch in die Umgebung integrieren.

Die Mitte und die Höhe gewinnt die Kräuterspirale mit Hilfe von Bauschutt.

Werden die Mauern mit runden Natursteinen gebaut, müssen die Zwischenräume mit Lehm oder Erde ausgefüllt werden.

Der Raum zwischen den Mauern der Kräuterspirale sollte etwa 60 cm breit sein.

Der Teich kann mit Teichfolie ausgelegt werden, dann kann er frei gestaltet werden. Auch ein Maurerkübel, der zur Hälfte mit Sand gefüllt wird.

Wie schon geschildert, muss darauf geachtet werden, dass eine Verbindung von Erde zum Wasser besteht, damit die Pflanzen mit Wasser versorgt werden. Hierfür eignen sich Streifen von einem Jutesack, altes Wurzelgeflecht oder ähnliches was eine Dochtfunktion gewährleistet.

Es werden durch Steine Übergänge zum Wasser geschaffen, sodass auch Vögel den Teich als Tränke nutzen können.

Die Erde am Fuß der Kräuterspirale wird mit reifem Kompost gemischt, die für die Spitze mit Sand und Kalk.

Jetzt kann mit dem Bepflanzen begonnen werden. Auch die Zwischenräume der Mauern können mit kriechendem Thymian, Dachwurz oder Tripmadam bepflanzt werden.

Großwachsende Kräuter mit langen Wurzeln wie Alant, Liebstöckel, Beinwell und Meerrettich sollten außerhalb der Kräuterspirale ihren Platz finden, die Wurzelausscheidungen des Wermuts wirken sich ungünstig auf das Wachstum anderer Kräuter aus.

Auch Minzen und Estragon sind für die Kräuterspirale nicht geeignet, da sie Wurzelausläufer bilden und sich somit über die gesamte Spirale ausbreiten.

Kapuzinerkresse muss an den Rand gepflanzt werden, damit sie sich nach außen hin ausbreiten kann.

Basilikum wird am Besten in einem Tontopf auf die Kräuterspirale in die volle Sonne gestellt und öfter nachgegossen, denn es braucht Wärme und Feuchtigkeit. Rosmarin wird auch besser in einen Topf gepflanzt und eingelassen, da er nicht winterhart ist und im Haus überwintert werden muss.

Der Phantasie sind bei der Bepflanzung keine Grenzen gesetzt. Auf einer großzügig angelegten Kräuterspirale finden neben Gewürz- auch Heil-, Tee- und Wildkräuter Platz.

Bei der Pflanzenauswahl für eine kleinere Kräuterspirale ist es ratsam, auf kleinwüchsige Sorten, die es von fast allen Gewürzkräutern gibt, auszuweichen.

Mögliche Pflanzenauswahl in den Bereichen:

A	B	C	D
Wasserzone	**Feuchtzone**	**Normalzone**	**Mittelmeerzone**
Brunnenkresse (G),	Kerbel (G),	Melisse (G,H,T),	Bergbohnenkraut (G,kl),
Bachbunge (G), Kalmus (H), Wassermine (T)	Petersilie (G), Schnittlauch (G), Schnittknoblauch (G),	Melisse, goldfarben und buntblättrig (kl,G,H,T),	Salbei (G),
			Salbei, lavendelblättrig (G,kl),
	Sauerampfer (G), Schildampfer (G,kl),	Pimpinelle (G), Portulak (G),	Thymian (G,H), Buschthymian G,H,kl), Quendel (G,H),
	Guter Heinrich (W), Knoblauchrauke (W),	Oregano (G), Oregano, kretisch (G,kl),	Zitronenthymian (G,T), Orangenthymian G,T), Majoran (G),
	Winterhecke (G), Indianernessel (T),	Buschoregano (G,kl)Ysop (G), Ysop, gezahnt (G,kl)	Lavendel (G,H,T),
	Luftzwiebel (G), wilde Rauke (G)		Lavendel 'Munstead' (G,H,T,kl),
			Lavendel 'Dwarf Blue' (G,H,T,kl),
			Currykraut (G), Zwergcurrykraut (G,kl)

Abkürzungen

G=Gewürzpflanze

H=Heilpflanze

W=Wildkräuter

T=Teekraut

kl=kleinwüchsig

MIX
Papier aus verantwortungsvollen Quellen
Paper from responsible sources
FSC® C105338